AF496338

OBSERVATIONS

SOMMAIRES

DE

M. Henri Paysan-Lafosse, maire de Muids (canton de Gaillon);

M. Charles Paysan-Lafosse, commerçant, demeurant à Paris;

Mme Alexandrine Paysan-Lafosse, épouse de M. Justin, docteur-médecin, de lui assistée et autorisée, demeurant ensemble à Elbeuf-sur-Seine;

Neveux et nièce de M. Charles.Thomas Paysan-Lafosse;

AUX

Diverses administrations dont relèvent, chacun dans leur ordre hiérarchique, comme établissements publics, l'Hospice civil de Louviers, la Fabrique de l'église Notre-Dame du même lieu, et l'Orphelinat du Prince Impérial, à Paris;

RELATIVEMENT

Aux dernières dispositions à cause de mort, en leur faveur, de feu M. Charles-Thomas Paysan-Lafosse, oncle des exposants, décédé célibataire à Louviers, le 21 janvier dernier, dans sa 80me année.

OBJET DU PRÉCIS :

Son but unique est, en éclairant à temps et convenablement les intéressés et leur éminent patronage, de prévenir, autant que possible, l'autorisation d'accepter les legs à titre universel contenus dans le testament final et olographe du défunt, à leur profit, et de conjurer, à ce moyen, un procès regrettable devant les tribunaux, où les héritiers naturels menacés de spoliation, se verraient obligés de défendre personnellement et pour leurs enfants, un patrimoine de famille, dont ils sont saisis et qui serait selon eux, injustement revendiqué.

PLAN ET DIVISION DU PRÉCIS.

Il embrasse naturellement deux sortes de considérations, les unes de *droit*, et les autres de *fait*; d'où son partage nécessaire, en autant de paragraphes.

§ Ier.

En droit.

L'article 504 du Code Napoléon est ainsi conçu :

« Après la mort d'un individu, les actes par lui faits ne pourront être attaqués « pour cause de démence, qu'autant que son interdiction aurait été prononcée, « ou provoquée, avant son décès, à moins que la preuve de la démence ne ré- « sulte de l'acte même qui est attaqué. »

Par les mots : « *actes faits.....* » dont use ici la loi, il faut entendre les contrats ordinaires de la vie civile, dont la stabilité importe essentiellement à la société, et non les actes de libéralité entre vifs ou testamentaires qui, par leur nature délicate, et la facilité avec laquelle souvent on en abuse, exigent une capacité plus grande et plus certaine que les pactes à titre onéreux.

Ces actes gratuits sont exclusivement régis par l'article 901 du même Code, dont voici le texte :

« Pour faire une donation entre vifs ou un testament, il faut être sain d'es- « prit. »

Telle est, en cette matière, la distinction fondamentale enseignée par les orateurs du gouvernement et du Tribunat lors de la discussion dudit Code, et constante en doctrine comme en jurisprudence (1).

« La condition d'être *sain d'esprit* pour tester valablement a une immense

(1). *Dictionnaire de Dalloz,* t. XVI, p. 92.

étendue, car la raison de l'homme est sujette à une multitude d'altérations permanentes ou accidentelles.

Entre le trouble inaccoutumé de l'esprit ou l'état de torpeur de l'intelligence, et la perte complète de la raison, il est une foule de degrés et de nuances ; il faut les apprécier ; il faut déterminer l'influence des causes physiques ou morales qui peuvent empêcher l'homme d'être véritablement sain d'esprit.

Les magistrats sont alors autant jurés que juges.

La démence du testateur, bien que ne portant que sur un seul ordre d'idées, suffit pour entraîner la nullité du testament, alors que les circonstances, en la cause, servent à démontrer, que le testament est le résultat de cette démence. » (1)

La science l'a qualifiée de *monomanie*, espèce d'aliénation mentale pervertissant le libre arbitre ; affection partielle de l'esprit, auquel un sens transmet des illusions et des erreurs qui l'empêchent d'apprécier sagement telles ou telles choses, sous l'empire de l'idée fixe dominant celui qui, par malheur, en est atteint, alors même qu'il perçoit et agit rationnellement dans tous les autres actes de la vie.

Les plus graves auteurs sont de cet avis, que le bon sens suggère naturellement.

On se contente ici d'y renvoyer (2).

La jurisprudence s'est prononcée dans le même sens (3). Nous copions ci-dessous un arrêt fortement motivé, rendu dans une espèce où la monomanie du testateur avait une grande analogie avec celle qui ne permettait pas à Charles Lafosse de choisir librement entre ses héritiers et ceux qu'il a nommés ses légataires. La lecture de cet arrêt jette un grand jour sur la question.

(1). Même *Dictionnaire de Dalloz*, t. XVI, loco citato, p. 92, n° 193 et p. 97, n° 203.

(2). Voir Troplong, des *Donations et Testaments*, t. II, n° 452; Massé et Vergé sur *Zachariæ*, t. V, § 447, note 4.

(3). *Recueil* de Sirey-Vill., t. XXXVI, 2e partie, p. 410.

Galabert — C. Brun-Lagenette.)

LA COUR : — Attendu que, pour qu'un testateur puisse mettre sa volonté à la place de la disposition de la loi, il doit être sain d'esprit; que la préférence accordée par le testateur aux héritiers naturels suppose un jugement qui ne peut être que le résultat

Chose digne de remarque, les arrêts qu'elle fournit et qu'offrent les Recueils sont dans des espèces de testateurs *monomanes* qui s'étaient crus empoisonnés, ou menacés de poison par leurs parents, et les avaient déshérités sous l'empire de cette hallucination.

On en rencontre de fréquents exemples, il paraît, dans les maisons de traitement ou asiles d'aliénés.

Il faut, bien entendu, pour annuler le testament en vertu de l'article 901 du Code Napoléon, qu'il soit le fruit vicié de la monomanie. Car autrement, et celle-ci ayant sommeillé, il n'y aurait plus de motif pour proscrire les dispositions à cause de mort de leur auteur.

d'une raison éclairée; — Qu'à la vérité, celui qui éprouve des accès de démence et de faiblesse d'esprit, peut, dans des intervalles lucides, faire une disposition valable, lorsque cette disposition elle-même est raisonnable; — Mais qu'il importe d'examiner, dans un pareil cas, la nature de l'infirmité d'esprit du testateur; qu'il ne suffit pas qu'il ait paru jouir de son bon sens relativement à certains sujets sur lesquels il portait son attention, et dont il raisonnait sensément; qu'il faut encore qu'il soit prouvé qu'il jouissait de toute son intelligence pour faire des dispositions testamentaires;

Attendu que s'il résulte des enquêtes que Louis Galabert jeune conversait et raisonnait avec justesse sur ses études, son séjour à Paris et les affaires du temps, il était continuellement dominé par cette idée fixe, qu'il était travaillé par une maladie qui lui avait été donnée par son frère et sa sœur; qu'il les accusait d'être les auteurs de ses souffrances, de lui avoir déplacé les organes, de lui avoir fait entrer cette maladie par le côté droit, et de l'avoir fait sortir par la tête, de s'opposer à sa guérison et de vouloir l'empoisonner; que cet état d'aliénation mentale n'a pas cessé d'exister, soit avant le testament, soit à l'époque de sa rédaction, ainsi que cela résulte de la déposition de plusieurs témoins dignes de foi; — Que les dispositions testamentaires de Louis Galabert jeune sont le résultat de cette monomanie; qu'il en était dominé de manière à ne pas faire un choix volontaire entre ses héritiers naturels et ceux qu'il a nommés ses légataires; que, dans une telle situation, ses dispositions sont l'effet de l'infirmité dont il était atteint, et que l'on ne peut y reconnaître le libre exercice de ses facultés intellectuelles;

Attendu que cette infirmité, manifestée à l'époque du testament, a continué postérieurement, ainsi que cela est justifié par l'addition qu'il a faite à ses dispositions le 18 août 1830, et qui confirme les dépositions des témoins; — Met l'appel au néant, etc.

Du 14 avr. 1836. — Cour roy. de Bordeaux. — 1re ch. — Prés., *M. Roullet, p. p.* — Concl., *M. Compans, av. gén.* — Pl., *MM. Lacoste et Desèze.*

C'est ce qu'a décidé la cour d'Angers, par un arrêt du 15 mars 1861, dont on a vainement poursuivi la réformation devant la cour suprême. (Sirey, t. LXII, 1re partie, p. 570.)

Mais tout en reconnaissant que les magistrats avaient à rechercher si l'acte en question, quoiqu'en apparence conforme à la raison et à la justice, n'était cependant que le produit d'un cerveau malade, ou d'une volonté esclave d'hallucinations, de terreurs chimériques et de haines imaginaires, la même cour impériale constata, que ce vice radical faisait défaut dans l'espèce par elle jugée, précisément parce que le défunt au lieu d'avoir frustré sa sœur et sa nièce, les avait instituées ses légataires universelles.

Il fut fait alors mention d'un jugement du tribunal de Saumur, qui avait annulé le testament *olographe*, en date du 24 août 1854, d'un pareil monomane lequel, se croyant l'objet de tentatives d'empoisonnement de la part de ses parents, avait disposé de tous ses biens en faveur *de pauvres étrangers.*

Au reste, qu'on le sache bien, la règle à suivre en cette matière, est celle qui résulte de précédents graves et des considérants adoptés par un arrêt de la cour de Caen du 31 juillet 1866 (1), ainsi conçu :

« Attendu en droit qu'aux termes de l'article 901 du Code Napoléon, pour « faire un testament, il faut être sain d'esprit ;

« Que c'est à celui qui attaque une disposition testamentaire à prouver l'in- « sanité du disposant ;

« Mais que lorsqu'il établit que l'insanité d'esprit existait habituellement à « l'époque contemporaine du testament, il satisfait à la tâche, sans qu'on puisse « exiger de lui la preuve de l'insanité d'esprit au moment précis et rigoureux « où la disposition testamentaire a été faite, ce qui serait presque toujours im- « possible ; qu'il lui suffit donc de prouver l'état habituel d'insanité d'esprit, et « que lorsqu'il remplit cette obligation, c'est au légataire à démontrer que le « testament a été fait dans un intervalle lucide ; mais que les intervalles lucides « ne doivent être admis qu'avec une grande circonspection, et seulement lors- « que par leur continuité et leur durée, ils dénotent un retour complet, quoique « momentané, à la santé ;

« Que notamment quelques jours de raison apparente précédés et suivis

(1). *Recueil des arrêts de Rouen et de Caen,* t. XVI, année 1866, 9e livraison, 2e partie, p. 244, 245.

« d'actes extravagants, seraient insuffisants pour constituer cette santé d'esprit « qu'exige le législateur pour permettre à l'homme de substituer sa volonté à « l'ordre successif fixé par la loi.

§ 2°.

En fait.

M. Ch. Lafosse a toujours joui corporellement d'une excellente santé.

Il était doué d'une constitution physique des plus robustes.

Mais son état mental était loin d'être aussi bon.

C'est ce que nous allons solidement établir, et ce qu'il nous faut nécessairement justifier, dans la situation fâcheuse et délicate qui nous est faite.

En cela nous ne craignons pas d'être taxés d'irrévérence envers la mémoire du défunt, ni de témérité.

Si, comme il est constant, et comme nous nous faisons fort de le prouver au plus haut degré d'évidence, il n'a jamais eu la volonté et l'intention de nous déshériter, qui ôserait censurer notre conduite ?

Autant, au cas contraire, elle mériterait le blâme, autant elle est excusable et digne même des plus vives sympathies, dans la réalité des choses.

Qu'on en juge, en se mettant un instant à notre place.

Devions-nous plutôt abandonner un patrimoine de famille qui nous est dévolu selon la nature et la loi ?

L'intérêt de l'église, des pauvres, des orphelins, est sans doute respectable, mais le nôtre propre, qui est aussi celui de nos enfants, on peut dire même de la société toute entière, est-il moins sacré ?

Et alors que nous sommes déshérités par notre oncle, parce que nous voulions l'empoisonner, n'avons nons pas à défendre notre honneur et celui de la famille, qui est le sien ?

Qu'on veuille bien nous prêter un instant d'attention et l'on va promptement reconnaître la légitimité et la faveur de notre cause.

Elle triomphera, nous en avons la confiance, comme elle le mérite et comme prospère tout ce qui est équitable et de droit.

D'ailleurs, l'honorabilité de nos adversaires, si tant est qu'on doive les qualifier ainsi, nous est un sûr garant de la manière impartiale avec laquelle ils vont procéder, indépendamment de la sagesse du conseil d'Etat qui nous viendrait, au besoin, efficacement en aide.

Sans doute, tout d'abord, des administrateurs zèlés pour les intérêts recommandables qu'ils régissent, ont pu aisément se laisser prendre aux apparences, croire facilement à des résultats avantageux qu'ils désiraient, et se bercer de flatteuses illusions ; mais la vérité reprenant bientôt son empire, on les verra, nous aimons à le croire, promptement convertis et accessibles au langage de la justice.

Là est la solution et nulle part ailleurs.

Notre oncle, avons-nous dit, était malade d'esprit.

Cet état de maladie avait existé pour son père, mort en 1819, dont les anciens, encore existants, ont connu les excentricités, conservées aussi par la tradition, telle la singularité de prendre des bains au plus fort de l'hiver, dans la rivière d'Eure, dont il rompait la glace ; et pour la nièce de celui-ci, Mlle Anastasie Frigard, *interdite*, qui demeurait à Louviers, quartier de la Basse-Villette, où elle est décédée en 1851.

Mais sans remonter si haut, et pour ne nous occuper que du *de cujus*, disons qu'il est de notoriété publique, que M. Ch.-Th. Paysan-Lafosse, était sujet à des *monomanies* tantôt d'une espèce, tantôt d'une autre espèce.

Ainsi, il croyait et affirmait (persuasion dans laquelle il n'a cessé de persévérer), que sa mère avait été, par erreur et précipitation, enterrée vive : de là son idée fixe d'embaumement.

Ainsi, il se figura pendant des années, avant 1830, qu'il était enragé, se fit longtemps de fréquentes cautérisations à l'un des doigts de la main, et tint à ses côtés un fusil armé pour être prêt à se suicider à l'apparition du premier accès de la maladie.

Ainsi encore, après 1830, il se considéra comme victime d'une prétendue conspiration des jésuites, ourdie, disait-il, contre lui, et fut en proie de ce côté, pendant plusieurs années, à des frayeurs incessantes et puériles.

En août 1860, il se tira un coup de pistolet à la tempe, le soir du jour où il avait communié, de la main de M. l'abbé Mulet, vicaire de la paroisse Notre-Dame, en notre ville.

Aussi depuis, il disait à chacun qu'il avait une balle dans la tête.

On vient de parler de faits connus de tout Louviers, et qu'il n'était pas inutile de rappeler comme prélude de ceux ultérieurs plus particulièrement relatifs à l'affaire actuelle.

Le défunt vivait en bonne intelligence avec nous, nous recevant chez lui et nous visitant à domicile, particulièrement notre aîné, Henri Lafosse, à sa campagne, à Muids, où il venait chasser.

Jamais ses neveux et sa nièce ne lui avaient donné le moindre sujet de mécontentement ou de déplaisir.

Son petit-neveu, fils de feu notre frère Alfred, placé sous les drapeaux, où il a contracté il y a deux mois un réengagement, le voyait aussi; mais il n'allait chez lui que très-rarement à cause de son absence et de la rigueur de son service. Cet isolement lui a profité et explique comment il a échappé à la disgrâce dans laquelle sont tombés personnellement les exposants dans l'esprit de leur oncle commun, aux dernières années de sa vie, par l'effet de la nouvelle *monomanie* qui s'était emparée de lui.

Le germe en fut implanté dans son faible esprit, selon toute apparence, (1) par les artifices d'une femme, intéressée à le brouiller avec les siens, qui avait tenté de se faire épouser par lui dans un but cupide, et qui sût en obtenir maintes et maintes fois de l'argent, mêmes des sommes assez fortes, jusque dans ces derniers temps.

Ce fut vers la fin de l'année 1865 qu'il commença à se croire menacé d'une mort prochaine et que par suite prirent naissance en lui les idées sinistres ayant amené cette monomanie, qui, malgré des intermittences, a progressivement grandi jusqu'à sa mort. Le testament olographe qu'il fit le 8 décembre 1865 en contient la déclaration émanée de lui. Il est ainsi conçu :

Je soussigné, Charles-Th. Paysan-Lafosse, ai, **dans la prévision d'une mort prochaine,** *rédigé ces deux mots de testament.*

Je prie M. Marquet, mon ami, de reprendre les deux fauteuils, la bergère et les deux petits tableaux que Mme Frigard, ma vieille amie, m'avait légués.

(1) Nous sommes en possession d'une correspondance de cette personne et ses lettres, que nous tenons à disposition, ne laissent aucun doute à ce sujet.

Ces objets, à cause de leur provenance, m'étant chers, je ne voudrais pas qu'ils fussent vendus à la criée.

Je souhaite que mon corps soit embaumé et je prie M. Picard jeune, mon médecin, de surveiller l'opération et de bien s'assurer que la mort est certaine avant que l'on m'enterre, et je lui alloue pour ses soins la somme de deux cents francs.

Je prie mes héritiers de remettre une somme de mille francs à ma bonne, qui pourra disposer de mes chiens si on ne veut pas leur donner les invalides.

Fatigué d'idées sinistres, *je clos ce testament en chargeant M. Marquet, si il le veut bien, de son exécution : sachant son amitié pour moi et pour ma famille, j'ose compter sur sa complaisance.*

En foi de quoi, j'ai signé le présent, cejourd'hui huit décembre mil huit cent soixante-cinq.

Ch. LAFOSSE. (1)

Par ce testament on voit M. Charles Lafosse, prévoyant une mort prochaine, rendre à M. Marquet les meubles qu'il tenait de Mme Frigard, donner à sa domestique une somme de 1,000 fr., qu'elle avait bien gagnée par des soins dévoués, et nommer M. Marquet pour son exécuteur testamentaire.

(1). Le testament a eu lieu en deux doubles, l'un remis par M. Ch. Paysan-Lafosse à M. Marquet, l'autre à M. Benjamin Picard. Ces doubles portent les mentions suivantes :

Paquet scellé en cire rouge portant les initiales A. M., *remis par M. Marquet à Me Bury, contenant l'énonciation suivante :*

Cette enveloppe contient le testament de M. Ch. Lafosse, propriétaire à Louviers, qu'il m'a remis le 8 décembre 1865. Alph. MARQUET.

Cette enveloppe ouverte, on y a trouvé un paquet de la dimension d'une lettre fermée par un cachet en cire rouge et portant la suscription suivante : « Ceci est mon « testament, que je désire qui ne soit ouvert qu'en présence de mes héritiers et dans « les formes prescrites par la loi. » A M. Marquet, greffier du tribunal de commerce, « à Louviers.

Enveloppe portant la note suivante, faite par M. Benjamin Picard : « Testament de « M. Ch. Lafosse à remettre à M. le président du tribunal civil. »

Cette enveloppe ouverte on y a trouvé une autre enveloppe avec cachet rouge aux initiales C. L., *portant la suscription suivante : « Ceci est mon testament, que je dé- « sire qui ne soit ouvert qu'en présence de mes héritiers et dans les formes prescrites « par la loi. » A M. Picard jeune, médecin à Louviers.*

C'est un appel de confiance à son amitié bien connue pour lui et sa famille.

En effet, l'intimité la plus grande régnait entre ces personnes réciproquement dignes les unes des autres.

Il savait, comme tout le monde, l'obligeance de cet estimable homme, et il l'invoquait principalement en faveur de ses héritiers naturels, car les soins posthumes d'un exécuteur testamentaire profitent surtout, sinon exclusivement, aux successibles.

En terminant son testament, il indique qu'il est fatigué *d'idées sinistres*, mais il laisse toute sa fortune à ses héritiers naturels, et par là on voit combien l'affection pour ses neveux était encore vivace, en ce moment, dans le cœur de l'oncle ; c'est un point essentiel à noter pour la mise en relief de ce qui va suivre.

Ajoutons ce dernier mot par rapport au même testament olographe : l'enveloppe cachetée le renfermant portait cette suscription de la main du testateur : « Ceci est mon testament, que je désire *qui ne soit ouvert qu'en présence de mes* « *héritiers*, et dans les formes prescrites par la loi. A M. Marquet, greffier du « tribunal de commerce, à Louviers. » Encore ici, *les héritiers* objet de sa vive sollicitude.

Mais bientôt, sous l'influence croissante de la monomanie qui l'obsède et le domine, tout change.

Ses neveux et nièce deviennent à ses yeux de sombres conspirateurs, d'avides collatéraux qui veulent sa mort, et ont juré de se débarrasser de lui par le poison. Le 27 décembre 1866, il comprend la bonne dans son testament ; ce n'est donc que plus tard qu'il a englobé Henriette Legigan dans la cohorte de ses ennemis.

Alors éclos le 4 janvier 1866 cet autre testament olographe, ainsi conçu :

Je soussigné, Charles-Thomas Paysan-Lafosse, **tourmenté par des idées sinistres, je veux me tranquilliser en réglant par mon testament la transmission de ce que je possède.**

Je prie M. Marquet de reprendre les deux fauteuils, la bergère qui est dans ma chambre et les deux tableaux que Mme Frigard, ma vieille amie, m'avait légués, ces deux objets, m'étant précieux à cause de leur provenance, je ne voudrais pas qu'ils fussent vendus à la criée.

Quant au reste de ma fortune, je veux qu'il soit partagé en deux parties égales, dont la moitié pour l'Hospice de Louviers et l'autre pour l'Orphelinat du Prince Impérial.

Je veux être embaumé après ma mort, afin d'éviter une inhumation prématurée, et je charge M. Picard jeune, mon médecin, de surveiller l'embaumement, pour laquelle chose je lui alloue deux cents francs, qui seront pris ainsi que tous les frais sur la totalité de ma fortune.

En foi de quoi j'ai rédigé le présent.

A Louviers, le quatre janvier mil huit cent soixante-six.

Signé : CH. LAFOSSE. (1)

On vient de dire quelles étaient les idées sinistres qui le tourmentaient; c'était pour se tranquilliser à ce point de vue qu'il disposait cette fois de toute sa fortune au détriment de ses proches parents.

Après donc le legs de la vieille bergère jaune, des deux vieux fauteuils fait à M. et Mme Marquet, il institue l'Orphelinat du Prince Impérial, à Paris, pour héritier de la moitié de sa fortune, et l'hospice de Louviers pour l'autre moitié.

Du reste il finit par la clause sempiternelle relative à son embaumement.

En disposant en faveur de ces deux établissements publics, c'est à se tranquilliser, qu'il songe, comme il le dit, et rien de plus.

Sa pensée toute d'égoïsme se rapporte uniquement à lui ; il s'imagine qu'il a trouvé un moyen efficace de sécurité pour sa personne, voilà tout.

On a vu parfois des usuriers, des détenteurs de biens mal acquis, se convertissant, et touchés de la grâce, comme ce chef des Publicains, le riche Zachée, dans l'Evangile (2), donner leur bien aux pauvres, à titre de satisfaction, et pour l'allégement de leur conscience régénérée, poursuivie jusque-là de cuisants remords.

Rien de tel n'apparaît ici.

M. Ch. Lafosse, d'une parfaite probité, se persuade, que quand ses neveux et nièce, ses présomptifs héritiers, qui l'approchent, n'auront rien à gagner à

(1) Testament présenté par Me Castillon, notaire, auquel il avait été confié en dépôt par le défunt ; il était renfermé dans une enveloppe à lettre scellée de trois cachets en cire rouge. L'enveloppe portait : Ceci est mon testament. — Ch. Lafosse.

(2) Saint Luc, ch. XIX, v. 1 et 2.

son décès, ils abandonneront comme stériles leurs artificieux projets d'empoisonnement.

Il s'en explique du reste plusieurs fois, à ses plus intimes amis, qui luttent en vain pour le dissuader de ces chimères ; mais ils l'ont entendu de sa bouche, à diverses reprises, et ils le diront au besoin, ce sont des témoignages dignes de foi, à tous égards, qui seront d'un grand poids.

Ce qui prouve d'ailleurs que son but n'était pas de tranquilliser sa conscience et de gratifier les établissements institués, c'est qu'il les laisse de côté dans son testament du 27 décembre 1866, dont suit le texte :

Je soussigné Charles-Thomas Paysan-Lafosse, sain de corps et d'esprit, ai voulu disposer de ma fortune de la manière suivante :

Je veux que ma fortune soit réalisée pour former deux rentes, dont le montant sera touché par Louis Lafosse, fils d'Alfred, moins une rente que je lègue à Mlle Legigan, de deux cent cinquante francs, si elle est encore à mon service à ma mort, ces deux rentes étant viagères, **le capital reviendra à mes héritiers naturels à l'époque de la mort de mes deux légataires ci-dessus qui en jouissaient.**

Je prie Mme Marquet de reprendre les deux fauteuils, les deux cadres et la bergère que m'avait légués Mme Frigard, ma vieille amie, car je serais fâché que ces objets fussent vendus à ma porte à cause de leur provenance.

Je veux avant tout qu'il soit prélevé une somme de 3,000 f. trois mille francs sur le capital, pour me faire embaumer. Je prie M. Picard jeune, mon médecin, de surveiller cette opération qui ne sera faite qu'après qu'il l'aura permise, chose pour laquelle je lui alloue le surplus de la somme que coûtera cette opération, pour le soin qu'il prendra d'en assurer le succès et pour éviter qu'elle ne soit faite prématurément.

Toutes les dispositions contenues dans le présent, mon testament étant mes dernières volontés.

Je l'ai signé cejourd'hui.

A Louviers, le vingt-sept décembre mil huit cent soixante-six.

CH. LAFOSSE. (1)

(1) Ce testament fut confié par M. Lafosse à Me Castillon, notaire, renfermé, comme le précédent, dans une enveloppe à lettre scellée de cinq cachets en cire rouge. L'enveloppe portait : Ceci est mon testament. — Ch. Lafosse.

Cette fois, l'esprit de famille a repris le dessus. Le sort du petit neveu et celui de la servante sagement réglés par la jouissance de deux rentes viagères, la fortune entière est assurée aux autres proches parents.

Le testateur termine son acte de dernière volonté, par le rappel du legs aux époux Marquet, et l'article de prévoyance relatif à son embaumement, pour lequel il consacre une somme de 3,000 fr. plus élevée que celle assez minime qu'il y avait destinée jusque-là.

Au printemps de 1867, époque où chez l'homme, comme dans la nature, le sang subit plus ou moins l'influence du renouvellement de la saison, M. Ch. Lafosse est repris de son affection au cerveau, laquelle exerce ses ravages durant tout l'été et une partie de l'automne suivants.

Plus que jamais il ne parle que des complots de ses neveux *et des personnes de sa maison* pour l'empoisonner ; sa domestique, à laquelle il avait précédemment fait à deux reprises un leg rémunératoire, mais qu'à l'avenir il laisse de côté, et les autres personnes qui l'approchent ont été gagnées par sa famille, qui les a achetées; ses mets, son vin sont empoisonnés; il mange un lapin qui lui fait chaud au cœur, et comme c'est une viande qu'il aime beaucoup, si elle l'a brûlé c'est que ce lapin était empoisonné; — ses neveux lui ont mis dans la tête de la poudre de *perlinpinpin* et il y ressent de petites douleurs dont il connaît la cause.

Il faut qu'il s'arme contre ses ennemis ; le moyen c'est de les déshériter et de le leur faire savoir. Ils ne craignent pas les testaments qu'il fait lui-même, parce que comme il a une balle dans la tête, ils le feraient passer pour fou et ses testaments seraient nuls, mais en faisant un testament notarié il sera déclaré qu'il est sain d'esprit et alors ce testament sera inattaquable. Ses neveux le connaîtront et de ce moment, loin de vouloir l'empoisonner, ayant l'espoir qu'il reviendra à d'autres idées, ils seront intéressés à veiller à la conservation de sa santé.

Il lui faut donc un testament notarié.

Ce n'est pas à son notaire ordinaire qu'il s'adresse, mais à M. Cheuret, à Louviers, notaire de ses neveux, pensant qu'en raison des rapports intimes qu'il avait avec eux, M. Cheuret ne manquera pas de leur faire connaître le testament et ainsi il atteindra sûrement le but qu'il se propose.

Le témoignage de M. Cheuret, aujourd'hui décédé. nous manquera, mais nous avons aux mains une lettre qui sera produite au besoin, signée d'un homme honorable qui a vécu quelques mois avec M. Cheuret, a reçu ses instructions et ses confidences sur les hommes et les affaires intéressant l'étude. Voici la copie d'un passage de cette lettre : (1)

Je me souviens très-bien avoir entendu M. Cheuret parler de l'état de M. Ch. Lafosse, et il le jugeait tel **qu'il avait refusé de faire son testament.** *Il me semble l'entendre encore parler des dispositions étranges qu'il projetait et qu'il changeait chaque jour, et je suis certain que l'opinion de M. Cheuret était que les testaments olographes que M. Charles Lafosse avait la manie de faire et de refaire, ne pourraient pas être exécutés.*

Econduit par M. Cheuret, il se rend alors chez M. Castillon, également notaire à Louviers, dans l'étude duquel il avait l'habitude de passer tous ses actes ; après plusieurs allées et venues, il reçoit, le 10 juillet, à trois heures et demie, un refus formel.

Courant sans désemparer, de l'un à l'autre officier ministériel, avec un empressement remarquable, M. Ch. Lafosse tombe en l'étude de M. Bury, notaire, où il n'avait jamais fait d'actes, et l'invite à recevoir de suite son testament, que ce dernier dresse immédiatement, avec l'assistance de deux témoins de la campagne, présents pour leurs affaires, et de deux autres témoins de la ville, à la complaisance desquels il recourait à l'occasion, et qu'aussitôt il envoie chercher.

TESTAMENT.

Pardevant Me Louis-René BURY, *notaire à Louviers (Eure), soussigné en présence des témoins ci-après nommés, aussi soussignés, savoir :*

M. Jean-Jacques Guillard, ancien huissier, propriétaire, demeurant à Louviers, rue des Grands-Carreaux ;

M. Fulgence-Joseph Cauchoix, foulonnier, adjoint au maire d'Acquigny, demeurant en cette commune ;

M. Eugène-Stanislas Lecoq, banquier, demeurant à Louviers, rue aux Sœurs,

Et M. Dominique Farin, ancien tonnelier, propriétaire, demeurant au hameau du Hazé, commune de Canappeville,

Tous quatre, majeurs, Français, jouissant de leurs droits civils, civiques et politiques, non parents l'un de l'autre, en un mot réunissant les qualités voulues par la loi, pour concourir à la confection du présent testament, en

(1) Timbrée de la poste et en date du 23 janvier 1869.

qualité de témoins instrumentaires, ainsi qu'ils le déclarent audit Me Bury sur l'interpellation formelle qu'il leur en a faite.

A COMPARU :

M. Charles-Thomas PAYSAN-LAFOSSE, *propriétaire demeurant à Louviers, ancienne route d'Evreux,*

Malade de corps, *mais sain d'esprit, mémoire et entendement, ainsi qu'il est apparu aux notaire et témoins soussignés, par ses discours et entretien.*

Lequel, dans la vue de la mort, a dit et déclaré auxdits notaire et témoins soussignés, qu'il voulait faire son testament et acte de dernière volonté ;

En conséquence, M. Paysan-Lafosse a dicté son testament audit Me Bury, notaire, en présence des témoins soussignés, ainsi qu'il suit :

Je lègue à Mme Alphonse Marquet, née Adèle Frigard, les trois fauteuils rouges qui sont dans mon salon et la bergère jaune qui est dans ma chambre, me provenant de sa digne et excellente mère, Mme Frigard-Petou.

Je lègue à Mme la comtesse Olivier de Boisguilbert, née Bingham, demeurant au château de Pinterville, le fauteuil-Voltaire en tapisserie de sa main, que je dois à son amitié.

Je lègue quatre mille francs aux sœurs du couvent de la Miséricorde, à Louviers, dont la supérieure est Mme Levasseur, et mille francs aux sœurs du couvent de la Providence de Louviers, dirigé en ce moment par Mme Ducroc.

Je veux qu'il soit fait, à l'occasion de mon inhumation, une distribution de pain aux pauvres de Louviers par les soins de la supérieure du couvent de la Miséricorde, jusqu'à concurrence d'une somme de cent francs.

Je tiens à être embaumé convenablement aux frais de ma succession, sous la surveillance de mon exécuteur testamentaire.

Je désire avoir le service de seconde classe pour mon inhumation.

J'institue pour mes légataires universels, mon petit-neveu, Louis Paysan-Lafosse, fils de mon neveu Alfred, l'Hospice civil de Louviers et l'Orphelinat du Prince Impérial ; pour avoir droit à ce legs universel :

Mon petit-neveu, Louis Paysan-Lafosse, pour moitié ;

L'Hospice civil de Louviers pour un quart,

Et l'Orphelinat du Prince-Impérial pour le dernier quart.

Enfin, je nomme pour mon exécuteur testamentaire, M. le docteur Benjamin Picard, ancien maire de Louviers, **je compte sur son dévouement et sur son ancienne amitié pour surveiller mon embaumement et faire**

exécuter mes volontés dernières. A cet effet et pour l'indemniser, je lui alloue un diamant de la valeur de quinze cents francs, que je le prie d'accepter.

Le présent testament a été ainsi dicté par M. Paysan-Lafosse, testateur, audit Me Bury, notaire, qui l'a écrit en entier de sa main, tel qu'il lui a été dicté, puis lu et relu par ledit Me Bury à M. Paysan-Lafosse, comparant, qui a déclaré avoir bien entendu et compris cette lecture, persévérant dans le contenu du présent testament qui contient bien ses expresses et dernières volontés, le tout en présence desdits témoins, qui ont déclaré n'être parents ni du testateur, ni des légataires.

Fait et passé à Louviers, dans le cabinet dudit Me Bury, éclairé par trois croisées donnant sur le jardin de la maison qu'il occupe Grande-Rue.

Le dix juillet mil huit cent soixante-sept, à cinq heures de relevée.

Et a, M. Paysan-Lafosse, testateur, signé avec les témoins et ledit Me Bury, notaire, le tout après une nouvelle lecture du présent testament, faite par ledit Me Bury, notaire, au testateur, toujours en présence desdits témoins et sans désemparer.

Signé : Ch. LAFOSSE. — GUILLARD. — CAUCHOIX. — LECOQ.
FARIN. — BURY.

On le voit, M. Charles Lafosse était *malade de corps*, comme il le disait lui-même, et l'attestaient après lui le notaire et les témoins auxquels il paraissait tel. De quelle maladie ? le testament ne l'explique pas. Assurément cette maladie ne l'empêchait pas de se mouvoir et de circuler en tous sens, comme il venait de le faire, depuis le matin dans la même journée, elle affectait donc plutôt la tête que les jambes, et en réalité celle-ci en était le siége à n'en pas douter après ses discours dans les deux précédentes études où il s'était d'abord présenté.

Me Bury et ses témoins furent abusés, sous ce rapport par la simple apparence, le connaissant peu ou point, et le crurent sain d'esprit, quoi qu'il ne le fût réellement pas, mais subjugué par sa monomanie.

Tel est le propre de cette affection mentale d'imposer au plus grand nombre qui ne voient que superficiellement et comme en passant le sujet qui en est atteint.

N'est-il pas singulier que la disposition principale du testament, relative à l'institution des légataires universels, au lieu de figurer au premier rang dans le corps de l'acte, *soit ajoutée au testament par un renvoi à la marge* comme il peut arriver parfois pour une disposition toute accessoire qu'un testateur a d'abord négligé d'indiquer.

Ne serait-ce pas, qu'elle occupait ici la moindre place dans la pensée de leur auteur ; que l'Orphelinat et l'hospice ne l'intéressaient guère eux-mêmes et lui étaient plus ou moins indifférents; enfin qu'il ne voyait en eux, comme il l'avait dit ailleurs, peu auparavant, qu'un moyen de peser sur ses neveux et nièce, et de détourner l'exécution de leurs projets d'empoisonnement dont il était préoccupé plus que de tout le reste ?

Par le testament du 10 juillet 1867, auquel il avait donné assez de publicité pour qu'il fût connu de ses neveux, M. Ch. Lafosse avait assuré sa tranquillité, mais aussitôt cet homme qui ne veut pas déshériter sa famille, s'occupe de prendre d'autres dispositions pour transmettre sa fortune à ses héritiers naturels; trois projets de testaments (8e et 9e pièces de l'inventaire cote 21$^{me.}$ (1), en font foi, et quoiqu'ils ne soient pas datés, comme ils sont annotés de la main de M. Léop. Marcel, ils sont évidemment antérieurs au projet de septembre 1867 ci-après mentionné. — En effet, ce testateur qui par un acte public a déshérité sa famille n'a pas assez de connaissance des formules pour être certain qu'il va la rappeler d'une manière inattaquable au partage de sa fortune, les projets qu'il a dressés laissant dans son esprit des doutes sur leur validité, il s'adresse à un ancien ami pour avoir un modèle de testament qui assure à sa famille la transmission de la fortune, et on trouve dans ses papiers (11e pièce, cote 21me), un modèle écrit de la main de M. Léop. Marcel rendant dans le langage du droit l'expression des volontés manifestées en faveur de sa famille par M. Ch. Lafosse dans les projets écrits de sa main (8e et 9e pièces, cote 21e).— Le modèle de M. Marcel portait la date de septembre 1867, il en résulte que les trois projets rédigés par M. Ch. Lafosse de sa propre main

(1) Dans la 21me cote de l'inventaire dressé après le décès de M. Ch. Lafosse, on trouve trois modèles de testaments olographes, de la main du défunt (8me et 9me pièces), de toute sa fortune en faveur de ses présomptifs héritiers naturels; l'une de ces pièces contient ces mots, de l'écriture de M. L. Marcel, notaire honoraire et adjoint de la ville de Louviers : « *Mon petit neveu, fils d'Alfred, décédé,* » preuve de la communication du même papier qu'en avait faite l'auteur, à son ancien ami. La 11me pièce est un long modèle de testament dans le même sens, également en entier de l'écriture de M. L. Marcel, avec la date de. . . . . . septembre 1867.

sont antérieurs et conséquemment ont succédé de bien près au testament du 10 juillet 1867 qu'il avait pris si grand soin de publier. Ce testament n'était donc qu'un épouvantail qu'il avait cru trouver comme remède à ses craintes chimériques.

Aussi son affection pour ses neveux était entière et on en trouve une preuve dans la lettre suivante timbrée de la poste, qu'il écrivait le 8 novembre 1867 à son neveu Ch. Lafosse, boulevard des Italiens, 3, à Paris.

Louviers, le 9 novembre 1867.

Mon cher ami,

Je pense que tu dois être bien surpris du retard que j'ai mis à te répondre. L'embarras de te faire part d'une chose qui m'est arrivée, que je ne voulais point confier au papier et puis l'humeur que j'avais et dont mon style se serait ressenti ce que je ne voulais pas. C'est donc à ton prochain voyage que je te conterai la chose, si comme je l'espère tu viens me voir il sera bon que tu me previennes du jour de ton arrivée pour que tu me trouves à la maison; excuse moi donc d'avance et dis à ton cher enfant qu'il me pardonne si je ne lui répons pas directement je n'en suis pas moins sensible à son bon souvenir. Je te remercie aussi toi mon cher ami de la preuve affectueuse que m'aporte ta lettre et sois bien persuadé d'être payé de retour.

C'est dans ces sentimens que je t'écris et serre la main.

Ton oncle affectionné,
CH. LAFOSSE.

Peu de temps après, M. Ch. Lafosse va réaliser d'une manière définitive le testament au profit de sa famille dont il a de sa main dressé trois projets et dont un autre projet a été rédigé sur sa demande par M. L. Marcel. Voulant donner à cet acte une solennité égale à celle qui avait entouré le testament du 10 juillet 1867, il prend jour à l'avance avec le notaire, convoque lui-même ses témoins à Louviers et au dehors, et alors intervient le testament du 12 décembre 1867.

TESTAMENT.

Pardevant M. Louis-Réné BURY, *notaire à Louviers (Eure), soussigné,*

En présence des témoins ci-après nommés, aussi soussignés, savoir :

M. Joseph-Delphis Chennevière, ancien manufacturier, chevalier de la Légion d'honneur, demeurant à Louviers, route d'Evreux ;

M. Olivier-Stanislas Le Pesant, comte de Boisguilbert, propriétaire, demeurant au château de Pinterville ;

M. Alphonse-François Bertrand, manufacturier, demeurant à Louviers, quartier de l'Ermitage ;

Et M. Jean-Sulpice-Alexis Chevallier, ancien manufacturier, propriétaire, demeurant à Louviers, Grande-Rue,

Tous quatre majeurs, Français, jouissant de leurs droits civiques, civils et politiques, non parents l'un de l'autre, en un mot, réunissant les qualités voulues par la loi, pour concourir à la confection du présent testament, en qualité de témoins instrumentaires, ainsi qu'ils le déclarent audit Me Bury sur l'interpellation qu'il leur en a faite.

A COMPARU :

M. Charles-Thomas PAYSAN-LAFOSSE, *propriétaire, demeurant à Louviers, ancienne route d'Evreux,*

Sain d'esprit, mémoire et entendement, ainsi qu'il est apparu aux notaires et témoins soussignés, par ses discours et entretien,

Lequel, dans la vue de la mort, a dit et déclaré auxdits notaire et témoins soussignés, qu'il voulait faire son testament et acte de dernière volonté.

En conséquence, M. Paysan-Lafosse a dicté son testament audit Me Bury, notaire, en présence des témoins soussignés, ainsi qu'il suit :

Je lègue à Mme Alphonse Marquet, née Adèle Frigard, les trois fauteuils rouges qui sont dans mon salon et la bergère jaune qui est dans ma chambre, me provenant de sa digne et excellente mère, Mme Frigard-Petou.

Je lègue à la Fabrique de l'église Notre-Dame de Louviers, une somme de quatre mille francs, qui devra être employée aux réparations et décorations intérieures de l'Eglise, notamment à la chapelle Saint-Hubert.

Je lègue à l'Hospice de Louviers une somme de quatre mille francs, qui devra servir à la construction d'une chapelle sur les terrains intérieurs de l'établissement.

Je lègue à mon petit-neveu Louis Paysan-Lafosse, fils de mon neveu Alfred, une rente annuelle et viagère, incessible et insaisissable, de douze cents francs.

Pour assurer le service exact de cette rente, dans les trois mois de mon décès, mes légataires universels ci-après nommés devront acquérir une rente trois pour cent sur l'Etat français, de douze cents francs, qui sera inscrite pour l'usufruit, sa vie durant, au nom de mon petit neveu Louis Paysan-Lafosse, et pour la nue propriété au nom de mes légataires universels ci-après nommés.

Si à mon décès mon petit-neveu Louis Paysan-Lafosse avait des enfants et descendants légitimes, je lègue à ces derniers, pour y avoir droit dans la proportion de leurs droits à la succession de leur auteur, une somme de quinze mille francs qui leur sera payée dans les six mois du décès de mon petit-neveu Louis Paysan-Lafosse, sans intérêts.

Je désire avoir le service de seconde classe pour mon inhumation.

Je tiens à être embaumé convenablement, aux frais de ma succession, sous la surveillance et par les soins de mon exécuteur testamentaire.

Enfin, je nomme pour mon exécuteur testamentaire M. le docteur Benjamin Picard, ancien maire de Louviers, **je compte sur son dévouement et sur son ancienne amitié pour surveiller mon embaumement et faire exécuter mes volontés. A cet effet, mes légataires universels auront à lui payer la somme qu'il fixera lui-même, m'en rapportant complètement à lui.**

J'institue pour mes légataires universels, à la charge par eux d'exécuter mes legs particuliers qui précèdent :

M. Henri Paysan-Lafosse, propriétaire, demeurant à Muids, mon neveu ;

Mme Alexandrine Paysan-Lafosse, épouse de M. Justin, docteur en médecine, demeurant à Elbeuf, ma nièce,

Et M. Charles Paysan-Lafosse, mon neveu, négociant, demeurant à Paris, boulevard des Italiens, n° 3.

Tous mes legs particuliers qui précèdent seront exempts des frais et droits de mutation, que je laisse à la charge de mes légataires universels ou plutôt de ma succession, afin que chaque légataire particulier reçoive sans réduction l'intégralité de son legs.

Si l'un ou l'autre de mes légataires universels décédait avant moi, j'institue à sa place, pour recueillir ledit legs universel, ses enfants et descendants qui y auront droit, dans la proportion de leurs droits à la succession de leur auteur.

Je révoque tous testaments antérieurs à celui-ci, qui contient bien mes expresses et dernières volontés.

Le présent testament a été ainsi dicté par M. Paysan-Lafosse, testateur, audit Me Bury, notaire, qui l'a écrit en entier de sa main, tel qu'il lui a été dicté, puis lu et relu par ledit Me Bury à M. Paysan-Lafosse, comparant, qui a déclaré avoir bien entendu et compris cette lecture, persévérant dans le contenu au présent testament, qui contient bien ses expresses et dernières volontés, le tout en présence desdits témoins, qui ont déclaré n'être parents ni du testateur ni des légataires.

Fait et passé à Louviers, dans le cabinet dudit Me Bury, éclairé par trois croisées donnant sur le jardin de la maison qu'il occupe Grande-Rue.

Le douze décembre mil huit cent soixante-sept, à deux heures de relevée.

Et a M. Paysan-Lafosse, testateur, signé avec les notaires, témoins et ledit Me Bury, notaire, le tout après une nouvelle lecture du présent testament faite par ledit Me Bury, notaire, au testateur, toujours en présence desdits témoins et sans désemparer.

Signé : Ch. LAFOSSE. — D. CHENNEVIÈRE. — Cte DE BOISGUILBERT.
Alph. BERTRAND. — CHEVALLIER et BURY.

Par ce dernier testament, il donne à l'église Notre-Dame de Louviers 4,000 francs destinés à ses réparations intérieures, spécialement de l'autel Saint-Hubert, pour lequel par l'effet d'une erreur, il prend l'autel Saint-Joseph voisin de l'antique pilier où se trouve sculptée en style gothique une chasse assez grotesque. Amateur célèbre en ce genre d'exercice, M. Ch. Lafosse avait cru devoir appliquer son offrande à la partie du temple saint qui lui en rappelait le souvenir, chose facile à comprendre. Sa générosité du reste mesurée à sa modeste fortune, n'avait rien d'exagéré, et ce don semblait remplacer ceux des couvents de la Miséricorde et de la Providence.

Il pense aussi à l'hospice dans le même ordre d'idées, mais pour ne plus lui léguer que semblablement 4,000 fr. devant concourir à l'ornement du culte par l'érection d'une chapelle dans l'intérieur de cet établissement ; don pareillement modéré et en rapport avec les ressources personnelles du défunt.

De l'Orphelinat, ici, pas un mot, pas le moindre témoignage d'intérêt ou de sollicitude à son égard, après l'avoir si amplement doté deux fois, par ses testaments des 4 février 1866, et 10 juillet 1867.

Cette prétérition significative ne dénote-t-elle pas une fois de plus, ce qu'on a déjà dit, qu'il n'y avait songé antérieurement, que comme moyen d'intimidation envers sa famille supposée son ennemie, afin, en se sauvegardant, d'assurer sa tranquillité, mais nullement pour gratifier cet établissement lointain avec lequel il n'avait jamais eu de rapports.

Cessant la cause, c'est-à-dire la *monomanie* qui sommeillait, cessait l'effet ; rien n'est plus clair.

Désormais les neveux et nièce, rappelés par leur oncle dans ledit testament, à recueillir sa succession entière, absorbèrent seuls ses sentiments de libéralité.

La guérison à l'affermissement de laquelle on avait pu croire alors, ne se soutint pas, et la maladie de M. Ch. Lafosse reprit bientôt le dessus, augmentant de jour en jour, jusqu'à sa mort subite arrivée le 21 janvier dernier, au grand âge qu'on connait.

Dans l'intervalle, il donna des signes continuels de la *monomanie* qui l'obsédait.

C'était toujours la frayeur d'être empoisonné par ses neveux et nièce ligués contre lui pour cet abominable forfait avec les personnes de sa maison.

Il n'avait plus un instant de repos.

Tantôt à l'un, tantôt à l'autre de ses meilleurs amis, il racontait ses terreurs sous ce rapport.

Ici disant : Henri Lafosse a déjeuné chez moi, et m'a empoisonné, je l'ai bien vu jeter une poudre dans mon assiette, je suis empoisonné, je ressens des douleurs aigues dans la poitrine, voyez comme elle est rouge, et d'écarter aussitôt le haut de son gilet et de sa chemise pour la montrer. Ses yeux hagards trahissent son trouble, il inspirait la pitié et la crainte à la maîtresse de la maison qui pour l'avenir avait recommandé à ses domestiques de ne pas la laisser seule quand il reviendrait.

Ailleurs, pour le même motif, sollicitant dans une première maison respectable de Louviers, qu'on voulut bien l'y recevoir en pension, ce qu'on lui refusait.

Puis, renouvelant la même tentative dans une autre maison qu'il avait toujours plus particulièrement fréquentée, où, pour ne le pas désespérer, on voulût bien l'admettre à la table commune dans le courant du mois d'octobre, aux repas de laquelle il participa pendant deux ou trois jours.

Il s'y fit faire de la tisane parce qu'il avait peur que celle qui serait préparée chez lui ne fut empoisonnée ; la domestique de cette tierce maison la lui porta plusieurs fois à domicile et en reçut cinquante centimes pour ses courses.

Sur ce qu'il disait, que sa nièce, dévote et d'accord avec un digne ecclésiastique de cette ville, venait le trouver pour le faire empoisonner par du café d'un confiseur de Louviers, où on en prenait pour lui d'habitude, il défendit expressément à sa domestique de retourner à l'avenir chez ce marchand.

Lui-même se rendait chez l'épicier pour y prendre les fournitures en ce genre dont il avait besoin, de crainte, observait-il, que les gens de chez lui, de complicité avec sa famille, ne les mélangeassent de poison.

Son neveu Henry Lafosse lui ayant envoyé une carpe arrivée morte, quoique très-fraîche, il défendit qu'on la servit à sa table, disant que puisqu'elle n'était pas vivante, telle qu'on la lui avait annoncée, elle était empoisonnée : néanmoins il la fit porter chez un ami, où elle fut consommée.

La veille de sa mort, après avoir bu un verre de vin, il disait à l'un de ses voisins que cette boisson était empoisonnée et qu'il sentait de petites douleurs internes qui le lui révélaient.

On ne pouvait le débarrasser de cette idée fixe.

Les hommes de l'art, médecins, pharmaciens qui l'approchaient ou le connaissaient ont dit à qui a voulu l'entendre, qu'il était monomane, sujet à des hallucinations.

Indépendamment de la monomanie relative à l'empoisonnement, il était devenu de plus en plus, en 1868, facile à s'effrayer; il ne sortait plus pour aller à la campagne, notamment à Pinterville (à trois kilomètres de Louviers), que porteur d'un ou de deux pistolets, et prenait ombrage de toutes les personnes qu'il rencontrait le soir sur la route, quoiqu'accompagné de sa domestique; souvent même il se figurait qu'il voyait venir du monde quand il n'y avait personne, et menaçait à tout propos de décharger ses armes sur des fantômes.

Nous affirmons tous ces faits et s'il est besoin nous les prouverons, de même que tous ceux rapportés dans le cours de ce précis, et plusieurs autres encore analogues.

Qu'on ne nous croie pas sur parole, nous le comprenons, mais qu'on prenne acte de nos avertissements et qu'on daigne s'informer et les contrôler.

La chose est facile, la notoriété publique a déjà su prononcer, et rien de plus aisé, avec un peu de bon vouloir, que de s'éclairer auprès d'un assez grand nombre de nos concitoyens, appartenant à toutes les classes de la société.

On peut être sûr, que si jamais il y avait une enquête juridique, elle offrirait un tableau plus précis, plus saisissant encore que celui que nous venons d'esquisser et auquel nous ajoutons comme dernier trait, la propre lettre du défunt, adressée à l'un de ses plus intimes amis, M. Laurent, beau-père de M. le premier président de la Cour impériale d'Amiens, en sa demeure, à Berou, au-dessus d'Evreux, le 17 décembre 1868, ainsi conçue :

Louviers, le 17 décembre.

Enfin, cher ami, me voilà libre dans mes mouvements et je compte aller vous trouver samedi à Evreux. J'ai été embêté et tourmenté de plus d'une manière et j'aurais été bien heureux de vous avoir pour m'araisonner, **je crois au diable maintenant, car il n'y a que lui qui puisse envoyer aux gens les idées saugrenues qui me passent par la tête dans des moments. Il me tarde d'aller vous compter mes tribulations et de vous confesser mes mauvaises idées, il me semble que ça me soulagera.**

En attendant, recevez l'affectueuse poignée de main de votre vieux camarade.

CH. LAFOSSE.

Lors de l'apposition des scellés, Me Castillon, auquel la clef du secrétaire avait été remise après le décès de M. Ch. Lafosse, a fait l'ouverture du secrétaire en présence du juge de paix et de la famille et après avoir vérifié tous les tiroirs, c'est dans le buvard qu'ont été trouvés non clos ni cachetés deux testaments du 30 octobre *mil huit soixante-huit*, qui ont été immédiatement remis à M. le juge de paix.

En voici la copie textuelle :

Codicile *à mon testament du douze décembre mil huit cent soixante-sept.*

Je lègue aux couvents de la Miséricorde et de la Providence de Louviers quatre mille francs, chacun deux mille, et je prie les sœurs de ne pas m'oublier dans leurs prières.

Je maintiens mes autres legs particuliers contenus dans mon testament du douze décembre mil huit cent soixante-sept.

J'institue pour mes légataires universels l'Orphelinat du Prince Impérial pour moitié, l'Hospice de Louviers pour un quart et la Fabrique de l'église de ladite ville pour l'autre quart ; — dans l'année de mon décès je désire qu'il soit dit une messe par mois pour mon salut dans ladite église.

Je maintiens M. Benjamin Picard pour mon exécuteur testamentaire et comme il doit surveiller mon embaumement, je lui laisse la somme de mille francs tous frais payés.

Je veux qu'il aie l'administration de ma succession pendant l'année de mon décès si il le juge nécessaire.

Tous mes legs particuliers seront exempts de frais et des droits de mutation qui restent à la charge de ma succession.

Fait à Louviers le 30 octobre **mil huit soixante-huit.**

Ch. LAFOSSE.

Ne pouvant admettre cet acte nul en la forme, pour absence de date, et surtout pour insanité d'esprit de son auteur, nous avons fait connaître nos intentions aux trois prétendus légataires dans une signification en date du 23 janvier, leur indiquant le jour de la levée des scellés à notre requête.

A l'ouverture de cette opération ils ont comparu par leurs représentants, et l'inventaire a eu lieu sous les réserves et les protestations respectives des parties.

Au début, M. Benjamin Picard a déclaré ne pas accepter les fonctions d'exécuteur testamentaire à lui conférées par le défunt.

Me Castillon, notaire, a été nommé par ordonnance en référé de M. le Président du tribunal civil, pour administrateur provisoire.

Les choses jusqu'à présent se sont bornées aux simples mesures conservatoires.

Les légataires à titre universels ne nous ont point encore officiellement manifesté l'intention de réclamer le bénéfice du testament olographe en question.

Nous pourrions attendre une interpellation à cet égard avant de nous expliquer.

La loi et les procédés ordinaires de l'administration exigent une mise en demeure préalable à la famille.

Mais comme nous avons en quelque sorte pris les devants par notre signification susdite, nous avons préféré vous adresser le présent placet.

EN RÉSUMÉ.

Consentement plein et entier à l'exécution du testament public reçu par Me Bury, notaire, le 12 décembre 1867, comme nous l'avons fait connaître au début de l'inventaire et même devant M. le président en référé, mais refus énergique d'admettre le dernier testament olographe, fruit de la démence ou monomanie. Voilà notre ferme résolution.

Nous venons, Messieurs, de vous en déduire, à notre âme et conscience, les raisons plausibles,

Vous les peserez à votre tour, froidement et en connaissance de cause, dans votre for intérieur.

Il y va pour nous d'un sérieux intérêt, *moral* d'abord, comme nous l'avons expliqué plus haut, *matériel* ensuite, la fortune laissée par notre oncle étant d'environ 100,000 fr., patrimoine en nature pour la plus grande partie et remplacé pour le reste, qu'il avait recueilli de ses père et mère et de deux tantes dont nous avons hérité avec lui, et non le fruit du travail et de l'épargne..

A tous ces titres notre demande se recommande par elle-même, indépendamment des considérations puissantes que nous invoqnons à son appui.

C'est dans l'espoir et la confiance qu'elle sera admise, que nous avons l'honneur d'être, Messieurs, vos respectueux serviteurs.

H. LAFOSSE.
Ch. LAFOSSE.
Alex. PAYSAN-LAFOSSE, femme JUSTIN.
JUSTIN.

Louviers, imp. Delahaye fr — 200

www.ingramcontent.com/pod-product-compliance
Ingram Content Group UK Ltd.
Pitfield, Milton Keynes, MK11 3LW, UK
UKHW021201230726
13926UKWH00001B/239

9 782019 216009